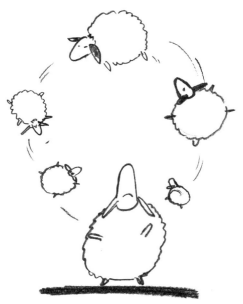

GERD BAUMANN
DAS SCHAF DES PYTHAGORAS

1. Auflage 2020
© lichtung verlag GmbH
94234 Viechtach   Bahnhofsplatz 2a
www.lichtung-verlag.de
Alle Rechte vorbehalten.

Umschlagillustration: Martin Kett
Druck: Friedrich Pustet GmbH & Co. KG, Regensburg
ISBN 978-3-941306-98-1

Gerd Baumann

DAS SCHAF
DES PYTHAGORAS

Gedichte

mit Illustrationen
von Martin Kett

edition lichtung

Dankbarst meiner geliebten Familie
und Wegbegleitermenschen

Das Vollmond-Gänseblümchen
auf der Autobahn

Nichts fragte sich in einer Vollmondnacht
die Gänseblume gar so sehr,
als wie sie's eigentlich vollbracht,
tonnenschweren, schwarzen Teer

zu drücken, schieben, hochzuheben,
und vor allem auch: warum?
Wahrscheinlich wollt sie einfach leben.
Und den Vollmond sehn. Darum.

Wie hinauf, hinüber?

Angesichts des undurchdrungenen,
noch unerstiegenen und kolossalen,
gänzlich unbezwungenen,
ja, fernhin zu bezwingenden,
elefantenhaften Bergmassivs,
das, hin und wieder, aus dem Nebel
sich dem Menschenskinde zeigt,
fragt sich's dann: Was nun? Und wie
hinauf, hinüber?

Nimmt man's sissyphüssig,
schleppend, schwerstens schnaufend
der Markierung folgend,
oder ganz gazellenhaft
in leichten Federsprüngen, mit
vom Sprungwind flatterwehendschönen
Haaren – abseits aller Wanderrouten?
Was ist mir möglich und was ist, ganz ehrlich,
mir, könnt ich denn wählen,
lieber?

Und während ich mich das so frage,
schleppe ich mich schwerstens schnaufend
aufwärts und bezwinge
Unbezwungenes-Durchdrungenes
auf den rotmarkierten Pfaden,
ruhe aus am höchsten Felsen,
galoppiere dann ganz leichten Fußes
abwärts, frei durch Wiesen, Felder,
und ich resümiere:
Hinauf war's schwer.
Hinunter leicht.

Der verlorene Ton

Im Satz *Andante ma non troppo*
seiner frischen Sinfonie
widerfährt dem Hof-Compositeur
ein seltsam störendes Geschehnis:

Ein Ton: der letzte
(sehr, sehr wichtig),
er fehlte. War verschwunden, wurde
zwar gespielt, doch – ungehört –

entschwang er sich durchs Hintertor
des Orchestergrabens
surrend leise, als Fermate,
direkt beim Pförtnerhaus vorbei,

entklang sich durch die Altstadtgassen,
fand sich schließlich sitzend in
der finstersten Spelunke wieder,
wo er zufrieden weitertönte.

Fraß und trank (vor allem trank er),
zahlte früh im Morgengrauen,
nahm im Sprint zwölf Wellenlängen
zurück in den Orchestergraben.

Und so kam's zum Schlussakkord,
sehr zur Freude seines Schöpfers!
Stark verspätet traf er ein,
doch als er traf, war's wunderlich!

Befeuert von der langen Pause
vor dem „Hohes C" genannten Ton
war seine Wirkung schier unglaublich
und die Hörerschaft berauscht, beglückt.

Und so stell ich mir dann manchmal vor,
dass alles Ungehört-Gesehne,
Ungespürt-Gerochene,
Ungesagt-Gefühlte
in dieser gleichen Kneipe sitzt
und ganz unbemerkt
existiert.

Wie nie gewesen

Was wär der schönste Ton, das edelste Gedicht,
gäb's keinen, der ihn spielt? Keinen, der es spricht?

Gäb's einen, der das beides kann,
was wären Ton, Gedicht denn dann?

Sie wärn nicht da, wie nie gewesen,
gäb's keinen, der's gehört, gelesen.

Wunderlied

Weißt du schon, wie schön das ist?
Ein Apfelbaum und Pferdemist
und Wolken, die sich selber ziehn,
als würden sie die Lüfte fliehn.

Wünsch dir was, und bitte sehr:
das erste Mal – ein Sternenmeer.
Und alles, alles zeig ich dir,
damit wir heute sind, und hier.

Deshalb brauche ich:
meine Arme – dich zu tragen,
meine Augen – dich zu sehn,
meine Stimme – dir zu sagen,
dass ein Wunder mir geschehn.

Und mein Herz – um dir zu schlagen,
meinen Weg – mir dir zu gehn,
meine Stimme – dir zu sagen,
dass du Wunder mir geschehn.

Weißt du schon, wie schön das klingt?
Ein alter Mann, der leise singt …
Wenn Tränen fragend runterrollen,
ob sie Trauer oder Glück sein sollen,

und Dunkelheit, die – ganz bestimmt –
verschwindet, wenn ein Tag beginnt.
Das alles, alles wünsch ich dir,
und mir, dass ich dich nie verlier.

Deshalb brauche ich:
meine Arme – dich zu tragen,
meine Augen – dich zu sehn,
meine Stimme – dir zu sagen,
dass ein Wunder mir geschehn.

Und mein Herz – um dir zu schlagen,
meinen Weg – mir dir zu gehn,
meine Stimme – dir zu sagen,
dass du Wunder mir geschehn.

Moment mal

Vom ersten Anfang aller Zeiten
schwingt ein jugendliches Beben,
kochend heißer Wasserfall,
wie ein ungezähmter Gaul
so feurig,
wach und stark, in schierster Blüte
kreisend um uns her.

Und vom Ende aller Welten
weht ein Hauch von einer Ahnung
einer Art von Melodie,
wie ein unerfundner Duft
so glasig,
hohl und fremd, in stiller Kühle
müd zu uns zurück.

Nur vom hellen Hier und Jetzt
weiß ich nichts daherzudichten,
nicht Wasser, Melodie, noch Duft und Gaul,
Blüte, Kühle: lächerlich.
Grad der Moment,
den ich mir greifen konnt, war, kaum passiert,
schon wieder aus, vorbei und neu.

Meistens edel

Mit Liebe und mit gutem Willen,
stetig hilfreich, fromm und heiter,
dacht ich mal für mich, im Stillen,
kommt man auch nicht weiter.

Schäfchenwolken

Stell mir vor: Ich stell mir vor, dass mir träumt,
ich stellt mir vor, dass ich glaub zu glauben,
dass ich glaube, was man mir geträumt!

Der Traum war so: Ich war ein Schaf
und stand in meiner Herde.
Wir glichen Wolken, schwarz und weiß,
auf einer Wiese – auf der Erde.

Einem Donner folgend blick ich auf
und seh den Himmel voller Schafe.
Es nieselregnet, denn sie weinen.
Ich spür's, obwohl ich schlafe!

Blick mir prüfend in die Augen
(auf meiner Zunge liegt die Frage:
Wo war ich Schaf denn gestern Abend?),
hör mich klar und deutlich, wie ich sage:

„Ich schlafe zwar, ich träume zwar,
doch scheint mir einzig wesentlich:
zu sein. Als Zelle, Tulpe, Spinne, Bär –
egal! Als Du, als Ihr, als Wir, als Ich."

Dann: Donner, Schock und Höllenwind,
kaltbitteres Erwachen.
Vor mir: mein Deutschlehrer, Herr Luchs.
Er schreit: Das kannst du *so* nicht machen!

Er greift nach mir mit seinen Krallen,
schleudert mich – und sich gleich mit –
ins Dunkel einer Wäschetrommel,
prallgefüllt mit Dynamit.

Nach schleppend langen drei Sekunden
stetem Schüttel-Schleuder-Bad
explodiert die wüste Waschmaschine
(ich merk erst jetzt, wie weh das tat).

Wir fliegen! Ich voran, Herr Luchs
dahinter, unter uns: die Mutter Erde.
Ich schwör bei mir, dass ich ab morgen
fromm wie Papst Coelestin werde.

Glöckchen, Zither, Harfenspiel
umspielen uns nach wilder Reise.
Nur Luchsens Hand an meinem Ohr
erinnert mich auf schnöde Weise

an die Schulzeit, Kindheit, Jugend!
Wie passend, denn wir landen just
im Dekolleté der Dorf-Friseuse.
Mich überkommt die bare Lust,

prallgefüllte Weltall-Brüste
hinab- oder hineinzutauchen
bis ins Zentrum aller Süchte,
saufen, tanzen, grölen, rauchen, …

Und wirklich! Rutsche ich die stark verschwitzte,
zarte, steile Busen-Haut
abwärts, abwärts, immer abwärts,
was ich leis geträumt, ich leb es laut!

Mit kreischend-frohen, nassen Kindern
lande ich wie ausgespuckt
am Ende einer Schwimmbad-Rutsche,
so eine neue Art von Viadukt.

Man helfe mir! Ich will zurück!
Zurück zur altvertrauten Herde.
Ich wünsche mir bald nichts so sehr,
als dass ich so wie früher werde …

Da tippt *es* mich von hinten an.
Es: ist mein eignes Ebenbild.
Ein Spiegelwesen, das, wie ich,
recht eigenständig leben will.

Beim Anblick dieser Kreatur
verstehe ich auf dunkle Weise,
dass alles, was ich je geträumt,
nur Teil ist einer Reise,

die, soweit hab ich verstanden,
einem Sternenhimmel gleicht:
Du kannst nur einen still bestaunen
oder zwischen allen fallen …

Doch vorerst gilt: Du bist ein Schaf
und stehst in einer Herde.
Wir gleichen Wolken, schwarz und weiß.
Auf einer Wiese. Auf der Erde.

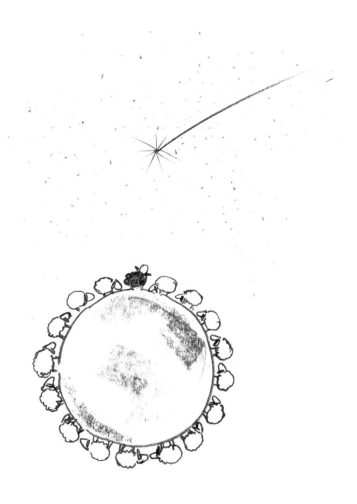

Regneln für rätserische Tage

Wenn ein Sack voll Tag und Nacht verendet
und sich 's Menschenkind champagnisiert,
bewegt, verfunkelt, tumb nach oben stiert,
dann ist Silvester: Wo das Jahr sich wendet.

Wenn sich die Erd-Betretung jährt,
strahlt glücklich, in der Regel, jedes Kind,
wo die Alten still und unwirsch sind.
Dann ist Geburtstag: Der uns rechnen lehrt.

Wenn ein glücklich Ying ein Yang sich findet,
alte Wegbegleiter alte Wege preisen,
frische Bräute frische Blumen schmeißen,
dann ist Hochzeit: Wo ein Paar sich bindet.

Und wenn der Körper rebelliert,
Erwachsensein die Kindheit fängt,
das Blut nicht nur ins Herz mehr drängt,
der erste Kuss: Ab da wird's kompliziert.

Ein Rätsel noch, mein liebes Kind.
Morgen: ist schon balde an der Reih.
Gestern: noch nicht allzu lang vorbei?
Das ist Heute: Wo wir jetzt grad sind.

Pamphletis Feuilletonae

Ist nicht wichtig,
wo einer herkommt.
Ist egal,
wohin er fahrt.

Das Einzige,
wo wirklich zählt,
ist die Bildung,
die was er hat.

Etwas

(mit sonorer Märchenerzähler-Stimme)
Es trug sich einmal, gar nicht allzu
lange her, so vor geraumer
Zeit, da trug sich also etwas zu.
Es fällt mir schwer, um nicht zu sagen,
's fällt mir ungeheuer schwer, daran
zu denken, ganz geschweige davon zu
sprechen, davon hier und jetzt zu be-
richten, sei es, ums mir von der See –
„Der See!" Haha! – der Seele, mein ich, mir
zu schütteln, sei es, um der Welt Rapport
zu geben, was und wie genau, zu welcher
Stund, vor allem auch: warum?
sich zutrug, was sich zugetragen – sinn-
und grundlos wird's nicht sein,
dass ich lieber drüber schweige.

– P a u s e –

(ab hier mit leicht nervösem Unterton)
Doch will's mir einfach nicht gelingen,
es einfach nur bei mir zu halten;
ist zwar teils schockierend, teils geradezu
obszön, ganz hart versaut und doch: so menschlich!
Streckenweise ist's am Rande
der Gesetze, kriminell, verboten, und man ist
ganz gut beraten, wenn man, *wenn* man's weiß,

nicht, ja nicht mal andeutungs-
weise – „weise", ha! Wär's eben nicht! –
darüber spricht.

– P a u s e –

(leise und verschwörerisch)
Angeblich hat es keiner außer mir
gesehen, nur allzu nach und voll und zieh
und bar sind folglich alle Zweifel,
dass es wirklich so geschehen,
wie von mir noch nie und nimmer
niemals nicht berichtet,
da kann man ahnen, ach wie wenig
man mir glauben tät, wenn ich's erzählte,
wenn man mir schon das nicht glaubt,
was ich nicht erzähle.

– längere P a u s e –

(mit wichtigem Unterton)
Geb mir also einen Ruck,
lass die Katze aus dem Sack.
Katze! Ha! Vielmehr ein Tiger,
Panther! Dinosaurier!!
Ist das Tierchen erstmal draußen
lebt sich's gänzlich ungeniert,
möcht man ungefragt zitieren.

Wenn es nur so simpel wäre,
doch ist die Lage ungeheuer.
Denn wovon ich Zeuge war und bin,
ist galaktisch: unvergleichlich.
Weshalb es wohl am besten wär,
wenn ich es für mich behielte.

– sehr lange P a u s e –

(heiter)
Puh! Jetzt ist mir leichter,
da ich unverrückbar hart
entschlossen bin, nun zu entscheiden:
die Bürde des alleinig Wissens
für ein und alle Mal: auf mir zu schultern!
Tun Sie einfach so,
als wäre nichts geschehen.
Auch wenn ich mir recht sicher bin, dass,
wenn Sie wüssten, was ich weiß,
es in-stink-tiv … – Ha! Stinkt! Stinkt tief! –,
es auch nur hauchdünn ahnten,
Sie nicht so ruhig und gelassen
Ihren Tag in gleicher, sorgenfreier
Weise fortsetzen zu gedenken täten, ganz geschweige
in der Lage wären.
So sein Sie unbeschwert und froh,
dass Sie hier von alledem
nichts rapportiert bekommen werden.

– mittellange P a u s e –

(beiläufig)
Vielleicht nur so viel sei verraten:
…
Neinnein. Noch nicht.
Sie müssen warten.

An den regnerischen Tagen

Denn wir mühn uns stetig, alles
nachzuholen, nachzuleben
(für den Fall des tristen Falles:
Es tut viel nachzuleben geben),
was wir glauben zu versäumen
oder mal verpasst zu haben.

Daher kommt das Schwelgen, Träumen
an den regnerischen Tagen.

Immer gibt's ein erstes Mal

Immer gibt's ein erstes Mal,
verliebt, versetzt, verfahrn, verroht.
Das allerletzte erste Mal
ist nur mehr der eigne Tod.

Einmal gibt's das letzte Mal,
berührt, gespürt, vermisst, verweht.
Das allererste letzte Mal
bleibt, auch wenn es geht.

Küsschen aus der Unterwelt

Schau, der Frühling treibt
die windig-rosa Veilchen aus
dem weichen, süß und klebrigen,
gebärenden, verschlingenden,
dunkelfeuchten Bodensatz,

schiebt die lämmergleichen Pflänzchen,
ob sie wollen oder nicht,
sanft, brutal, beharrlich
aufwärts Richtung Licht.

Bis im Herbst sie leis ermüden,
knicken, frieren, und die braun
und dunkelrot gefärbten Blätter
in den Schoß der Erde drücken,

dorthin weich und schwer versinken,
wo sie – ob sie wollen oder nicht –
ruhn, sich wandeln, Anlauf nehmen
für die nächste Runde Richtung Licht.
Wie ein Küsschen aus der Unterwelt.

Rosenballade

Die rosarote Rose in der Vase äugt
allseits blühend, duftgepriesen
neidvoll Richtung Blumenwiese,
wo Schönheit unbewundert Schönheit zeugt,

findet sich in fremden Händen,
eingezwängt in Cellophan
an einem ausgestreckten Arm,
um als Geschenk zu enden.

Hier: im Moment der Überbringung
berühren sich, wie abgestimmt,
die Hand, die gibt, die Hand, die nimmt,
hinterlassen eine süße Schwingung.

Auch die Blicke, die so unversehens
verlangend, suchend, scheu sich streifen,
hört man knistern, kann man greifen.
Hochkomplex ist das Geschehen.

Gleich einer unbrauchbaren Last
fällt nun die dornig-rosa, schöne
Rose unter zartem Stöhnen
unbemerkt in den Morast,

blickt erschöpft, doch hochzufrieden
dem frischen Paare hinterher.
Blume, sag, was willst du mehr?
Schon wieder zwei, die sich nun lieben.

Ich frage: War's die Rose, warn's die Blicke?
Der Wind, der Atem aller Zeiten?
Wer dirigiert, wer regelt, leitet
heimlich die Geschicke?

Ich beug mich nah zum Röselein,
frage: Sag, bist du's gewesen?
Lenkerin der Menschenwesen?
Natürlich, spricht sie. Ich. Ich ganz allein.

Terrassengleichnis

Folgendes
begab sich einmal
neulich auf der Café-Terrasse:
Studiert ein Student
der Biologie

gierig
die Speisekarte,
sinniert eine ganze Weile,
schnipst schließlich mit den Fingern,
bestellt schamrot, doch bestimmt:
„Fräulein! Ein Weib, bitte."
Raucht. Wartet. Nervös.
Viertelstunde rum.
Schwierig.

Endlich:
Die heißersehnte
Bestellung. Da bückt sich
die Bedienung, die im Schlepptau
einen riesenhaften Hünen an der Hand
führt, der dem harrenden Studenten der Bio-
logie entgegenknurrt, und raunt ihm in
sein mit Gänsehaut überzogenes
Studenten-Ohr: „Es ist Gesetz.
Seit Anbeginn der
Menschheit:

Auf der Terrasse gibt's nur Männchen."

Atmen

Man atmet.
Ein. Aus.
Ein und aus.
Man atmet quasi ein und aus.
Atmet ein.
Dann wieder aus.
Ein – und aus, man wiederholt:
ein, aus.

Und:
Nochmal EIN. Darauf, ja, richtig: AUS!
Und ein und aus und ein und aus, dann plötzlich:
ein – UND: aus.

So geht das tagelang! Auch nächtens:
Atme ein, dann aus und wieder ein.
Dann aus, dann ein, dann aus, dann ein,
man ahnt es schon, genau – dann: aus,
dann: ein, gefolgt von aus.

Im Anschluss an die Einatmung erfolgt das Gleiche,
andersrum. Das Fremdwort: Exhalierung (Ausatmung).
Dann wieder reinwärts mit der Luft.

Was nun folgt, lässt sich etwa so beschreiben:
Man stößt den eben inhalierten Stoff
ganz so wie einen Windhauch fort,
im Volksmund heißt es: Ausatmen.

Ist endlich diese Prozedur
der Trennung einmal absolviert,
geschieht auf wundersame Weise
die Einfuhr dieser Moleküle,
die uns Leben spenden, die
uns mütterlich versorgen, gemeinhin
Einatmung genannt.

Und so wie einst Odysseus von
den Küsten seiner Jugend schied,
verlässt dein eigner Odem willensfrei
den Hafen deines Himmelskörpers,
verliert, zerstäubt sich in den Weiten
unsrer schnöden Außenwelt und sammelt
sich erneut, bereit zur Wiederkehr
in den Schoß geheimer Gänge.

Was ein Wunder, welch Spektakel!
Atme! Atme ein und aus und ein!
Die Quelle unsres Erden-Seins
ist nämlich ein Mirakel …

Die Schnecke

Der Schnecke scheint die gegenüber
lieg- und ruhend, endlos weit ent-
fernte Straßenseite lieber
noch zu sein als ihre einzige
ja, vernünftig zwar, doch nicht
infrage kommende Alterna-
tive:

Schnecke! Schnecke! Komm zurück!
Doch stetig kriecht sie Richtung Glück.

Malade Ballade vom unbekannten Mann

Zur Zerstreuung meiner Tage
spazier ich oft zum Friedhof hin,
hat mancher Grabspruch, wie ich finde,
seinen Unsinn oder Sinn.

Nur ein Spruch hat mich tief bekümmert –
hab ihn seither nicht vergessen:
„Hier ruht in Gott ein Unbekannter,
lebte nur zum Ficken, Fressen."

Ich forschte nach, worauf ich fand,
das Schicksal, das ich hier gestreift,
war so genügend intressant,
dass es zum Gedicht gereicht:

Es lebte mal vor langer Zeit
in einem völlig unbekannten Land
ein total unbekannter Mann,
der auch unbekannt verstarb.

Es heißt, er hatte gar zwei Kinder.
Das eine klein, das andre auch.
Die Kleinen wuchsen immer höher,
dem unbekannten Mann ein Bauch.

Man weiß nicht, wer sein Weib war, doch
man munkelt, sie war mittelschön.
Es heißt, sie täte nachts gern schlafen
und tags manchmal spazierengehn.

Der Mann verließ sein Haus zur Arbeit
vierzig Jahre, jeden Tag.
Nur am Sonntag blieb er liegen
zur Gewöhnung an sein Grab.

Ganz genau wie alle andern
wollt er fressen und auch saufen,
sitzen, schlafen, manchmal wandern
und mit Geld sich Sachen kaufen.

Röchelnd auf dem Sterbelager
wollt er unbekannt versterben,
da quält ihn plötzlich eine Frage:
„Was soll aus der Menschheit werden?"

Und mit dem letzten Atemzug
überzieht es ihn mit Eiseskälte:
„Ich hab's versäumt! Ich hab's vertan!
Wenn ich nur einen Versuch noch hätte!"

Er zuckt noch und dann lebt er ab.
Vergessen gleich, nach fünf Minuten,
denn wer so spät erst aufgewacht,
der muss jammern, der muss bluten …

Sein Weib konnt ihn nicht mal begraben,
konnt sich seiner nicht erinnern.
Wer ist der tote, unbekannte
Mann in meinem Witwenzimmer?

So haut sie dem Grabstein zwei Sätze nur ein,
soweit wars in ihrem Ermessen:
„Hier ruht in Gott ein Unbekannter
lebte nur zum Ficken, Fressen."

Deshalb

Mit jeder Stund, mit allen Tagen,
die wir froh sind, die uns plagen,
kneten wir uns den Moment,
den man dann das Leben nennt.

Deshalb dichte ich und singe,
deshalb hab ich Augenringe,
denn wenn's heißt: Jetzt ist's gewesen,
gibt's Musik und was zu lesen.

Du

Ging mir gestern so beim Gehen
ein Gedanke, ganz gelassen,
durch den Kopf:
Was, wenn Ich nicht Ich mehr wäre,
sondern Du!

Wärst Du dann automatisch Ich?
Oder anderswer?
Und, falls Du's gar nicht merken tätst,
und Ich ja eh schon lange Du –
tät Ich's auch nicht merken,
Ich wär ja Du, halt unbemerkt.

Du wärst Ich, doch glaub Ich kaum,
dass Ich, äh Du, das glauben täte,
kenn Ich mich doch allzu gut
und weiß, wie Du als Ich so wärst.

Und wenn dann Du (als Ich) dich einmal
in mich (als Du) hineinversetzt,
und stell dir vor, dich dann noch fragst:
Was, wenn Ich nicht Ich mehr wäre?

Dann wärst Du endlich
wieder Du.

**Hintersinnige, hommage-artige Ansprache
eines gerissenen Schafs an einen aus Schafsicht
vermeintlich idealen Schäferhund,
der am Ende nur scheinbar enttäuscht ist
und besonnen, aber krude reagiert**

Es beginnt sich dies Gedicht
mit einem Schaf, das spricht:

„Oh hoher, höchster Schäferhund!
Du liefst dir deine Pfoten wund,
hast Wolf und Löwe abgewehrt,
damit der Schafskopf unversehrt.

Bei Wind und Wetter aufgepasst,
uns nie unsittlich angefasst,
hast Schaffell-Diebe weggekläfft –
hilfreich, edel, dein Geschäft!

Und unter Einsatz deines Lebens
hast du Bären fortgejagt,
hast Hoffnung uns und Mut gegeben,
Hund-Unmögliches gewagt!

Versorgst die dir ergebne Herde
nicht mit Frieden nur – oh nein!
Bringst Mut und Hoffnung uns zur Erde,
mehr als nur ein Schaf zu sein."

Unter Tränen höchster Rührung
blickt das Schäfchen schluchzend auf:
„Meister! Deiner edlen Führung
dank ich's, dass ich heut noch schnauf!"

Weinend bricht das Tier zusammen.
Zu viel fürs zarte Wolleherz!
Einen letzten Seufzer kann's noch stammeln:
„Ich … ääh …", und irgendwas mit „Scherz" …

Und wogend, langsam, aber sicher
regt sich leise ein Gekicher,
das wächst und schwillt, bis alle Schafe
prusten. Möge Gott sie strafen.

Der Schäferhund, der hochgeschmähte,
betrachtet kühl und distanziert
das Schaf, das grad noch taktlos mähte,
und diagnostiziert:

„Neuronale Dissoziation,
canophobe Aggression,
Verhalten infantil,
emotional hoch-fragil."

Dann pinkelt er gemach
auf das instabile Schaf.

Schafzeiler

Professionell
Ein Schaf traf mal ein Schaf,
um etwas zu besprechen.
Worum es dabei ging, hab ich
leider vergechen.

Amor 1
Ein Schaf liebt mal ein Schaf,
um Lämmer zu erzeugen.
Den Vorgang gibt's bei Blümchen auch,
dort nennt man ihn: bestäuben.

Thriller
Ein Schaf rief mal ein Schaf
mit seinem neuen Handy an.
Es klingelte und klingelte,
und endlich ging das Schaf dann ran.

Psychodelic
Ein Schaf sah mal ein Schaf
inmitten seiner Herde.
Zuerst erschrak es fürchterlich,
doch schon bald beruhigte es sich wieder.

Schafkritik
Ein Schaf fiel mal nem andren Schaf
durch rüpelhaftes Mähen auf.
Solch Fehlverhalten findet sich
beim Herden-Schaf zuhauf.

Amor 2
Ein schwer- bis hochverliebter Hammel
sang einst einem skeptischen,
obschon auch leichtverliebten Schaf
recht leidenschaftlich etwas vor.
Als Fußballfreund sagt man dazu:
Er schoss die Vorlage samt Tor.

Die Welle

Im weiten Ozean, dem atlantischen,
fragte sich an einem Vormittag
irgendeines trüben Tages im September
letzten Jahres eine vier bis fünf
Meter hohe Welle, ob sie, wenn sie
ganz plötzlich die Entscheidung fällte,
nach links scharf auszuscheren, das so
frei von Folgen, ungestraft, mal einfach
machen könnte, ganz geschweige, ob
sie es denn aus eigner Kraft auch *könnte,*
meinetwegen sogar folgenschwer
(denkt sie sich so, auf dem Meer).

Und wie sie sich so wiegend, wogend
im weiten Blau verliert, sinniert sie, ob die
Wellen hinter, neben, vor ihr ja vielleicht
sich ähnliche Gedanken machen, oder ob
sie wellenlebenslang den Zustand des Gezogen-
schobenwerdens ohne Murren, ja vielleicht

sogar ganz glücklich und zufrieden runter-
schlucken wie ein Kind am Abend eine
heiße Milch mit Honig – und beschließt, schon
eingehüllt
vom scharfen Vorgeschmack der Rebellion,
es augenblicklich zu probieren. Doch plötzlich: Gischt!
Sie türmt sich auf. Sie bricht. Erlischt.

Du bist das Volk

Du trauriges, du durchschnittliches,
nichts durchdringendes, verstehendes,
verdrängendes und dunkles, enges,
noch nie dein Herz im Sprung gesehen habendes,
noch nie in Liebesrausch getaucht gewesenes,
von klein auf allzu klein gehaltenes,
in enge Schranken eingesperrtes,
minderwert-elendiges,
sorgen-, angstbetriebenes,
du armes, armes,
du armes,
armes,
Volk.

Wenn du plärrst:
„WIR sind das Volk",
wen meinst du denn?
Meinst du dann DICH?

Gibt's dir Trost, Volk, wenn dein Nachbar
genau das Gleiche schreit und zwischen euch
zarte Bande keimen, neue Freunde
dir unverhofft zur Seite stehn?

Gibt's dir Halt, Volk, ganz wie einem
braven Hunde, lebenslänglich angeleint,
wenn er merkt, dass auch die andern
Köter artig an der Leine gehn?

Es muss dir irgendwann mal einer sagen:
Volk! Es gibt dich nicht! Es hat dich überhaupt
sogar noch nie gegeben. 'S gibt
nur eine Sorte: Erden-Wesen.

Seh deine angestrengten Denker-Falten
im schwarz-rot-goldenen Gesicht
und fürchte (wohl zu Recht),
du verstehst all diese Fragen nicht.

Appell an die Blogger, Poster, User, Bewerter und die, die sofort Bescheid wissen, wenn mal etwas Schlimmes passiert ist

Ist so leicht, daherzureden,
dass es gut klingt, dass man denkt:
Fuck! Da hat sich einer mal beim Denken
die Hypophyse ausgerenkt …

Doch wie viel schöner wär's stattdessen
ab und an ganz still zu schweigen
und durch ein Für-sich-behalten
die nie erreichte Größe zeigen!

Hase, du bleibst hier
Chemnitz, Sommer 2018

Fast wär er hinterhergesprungen
dem einen, vielgehassten, dunklen
Fremden, der hier einfach eingedrungen,
doch so blieb's beim Augenfunkeln

und beim wohlvertrauten Grölen
mit seiner Glatzen-Clique, die seit Jahren
was man ja wohl noch sagen darf
sagt, und – eben – unverhohlen grölt.

Doch plötzlich duckt und zuckt der Nazi
wie ein gut gezähmtes Tier,
da ein Stimmchen ihn zur Ordnung ruft:
Hase, du bleibst hier.

Bin ich eine Sau

Bin ich eine Sau?
Weil ich einmal …

Bin ich der Teufel?
Nur weil ich damals …

Ich habe das ja nicht gewusst,
und außerdem –

Soll ich mich schämen?
Weil ich zufällig …

Auf die Knie fallen?
Weil ich angeblich …

Was ist denn mit den anderen?
Die haben ja eigentlich …

Bin ich eine Sau.

Schönbergs Katze

Zur Unterbrechung ihrer Langeweile
sprang einst eine Katze über
weiß und schwarze Tasten
eines Bösendorfer Flügels.

Vom Klang der nur versehentlich
entstandenen Komposition
war das Tier zwar kurz entzückt,
doch gleich drauf gähnt und schläft es schon.

Zur gleichen Zeit begab sich's aber,
dass ein hochbegabter Komponist
in mühevoller Schreibarbeit
sich durch all die Qualen frisst,

die die beschwerlichen Geburten
der großen Werke mit sich bringen.
Es will ihm endlich, schweißgebadet,
in einer Vollmondnacht gelingen.

Der Zufall will's, dass dieses hochgefeierte,
wohldurchdachte Masterpiece
exakt mit dem im Eingang hier
erwähnten Katzen-Stück identisch ist.

Und nach ihrem hochverdienten Schlafe
sehnt die Katze sich tagein, tagaus
nach dem (ich fürcht, ausbleibenden)
tosenden Applaus.

Wind

Der immerschöne Wind
bläst an mir vorbei.
Er sieht mich, wie mir scheint,
gar nicht, und auch ich

hätt ihn nicht bemerkt.
Nur unter mir der Adler,
unter mir die Wolken,
fliegen vor sich hin,

denken sich: Schon wieder
einer, der nicht merkt,
was ihn so hoch getragen –
der immerschöne Wind.

Fräulein vor Fliederbusch

Fräulein, geben Sie mir etwas
Ihrer offensichtlichen Trübsal.
Ich halte Ihren Regenschirm
für den Fall,
dass es weiterhin nieseln sollte.

Fräulein! Teilen wir für eine Weile
nur flüchtig unser Schicksal?
Ihr Anblick macht mich taumeln.
Ich gestehe,
dass ich weiterhin neben Ihnen stehen möchte.

Und, Fräulein: Morgen hört es auf zu regnen.
Das wäre *die* Gelegenheit (für uns),
im Bummelzug durchs Land zu gleiten.
Man weiß ja nie,
ob uns der Moment noch einmal so zart und fordernd
streift.

Die Auen, sehen Sie? Grün … ach, herrlich!
Und diese Fauna! Adler und so weiter!
Im Zug! Wir zwei. So wird das morgen …
Doch bis dahin
gestatten Sie mir eine Frage:

Sie scheinen abwesend, ja, irgendwie
sehn Sie blass aus. Durchsichtig.
Er schimmert ganz hindurch durch Sie.
Ein Fliederbusch.
Er tanzt, beweht von tauben, stummen Brisen …

So warten Sie doch! Verschwinden Sie um
Himmels willen bitte nicht! Noch wissen wir
zwei ja nicht, wie viel Glück wir verpassen,
wenn wir uns
nicht augenblicklich ganz und gar vergessen!

Sie schmilzt. Sie geht. Sie diffundiert sich
in den rosa Fliederbusch. Und ich? Ich
halte ihren Regenschirm
für den Fall,
dass sie einmal wiederkommt.

Sartre und der Lehrer

Weil ein Lehrer auf die Frage
eines hochgewitzten Schülers,
ob es richtig sei, dass, glaubt man Sartre,
alles nichtig und vergebens,
und dass nur einzig wahre Liebe
Trost den Menschenskindern schenke,
sich keine Blöße geben wollte,
sprach er hastig und verlegen:

Ja, das stimmt grundsätzlich schon –
er kenne das vom Hörensagen.
Und dann, mit andrem Unterton:
Doch wichtig sind auch Hausaufgaben!

Sartre und der Schüler

Weil ein Schüler auf die Frage
eines hochgewitzten Lehrers,
ob er glaube, dass es richtig sei,
ausgerechnet seinen eignen Meister
– den man achte und verehre –
zu fragen, ob es richtig sei, dass,
glaubt man Sartre,
alles nichtig und vergebens
und dass allein nur wahre Liebe
Trost den Menschenskindern schenke,
sich keine Blöße geben wollte,
sprach er ganz und völlig unverlegen:

„Ja! Natürlich! Glaub ich schon!
Wenn er's nicht weiß – wer soll es sein?"
Und dann, mit andrem Unterton:
„Das war nicht so ernst gemeint."

Herzinfarkt eines antiken römischen Arschlochs

Ein Sklave spricht zu seinem Herren:
„Ruhig, Meister! ATME, Meister!
Das kommt bestimmt vom vielen Plärren!"

Der Meister plärrt sogleich entgegen:
„Schnauze, Sklave! Sklave, Schnauze!"
Und terminiert sein elend Leben.

Der Vordergrund

Der Vordergrund steht oft ganz stumm,
ganz eitel und ganz selbstverliebt,
als ob es außer ihm nichts andres gibt,
dem Hintergrund im Weg herum.

Last Unicorn

Was reitet uns denn eigentlich?
Auf dass die Hinterlassenschaft
weit übers eigne Ende scheint,
jahrhundertelang weiterkeimt,
streckt man sich mit aller Kraft

nach Zeiten-Überdauerung.
Und aus Angst vor dem Gerede,
das bei Fehlverhalten tönt,
gibst du dich verhübscht, geschönt,
und meidest jede Fehde.

Bis plötzlich die Erkenntnis schwankt:
Sekunde, Meter, Punkt und Strich
formieren sich mit Rauch und Schall
als Einhorn weit im finstren All.
Denn *das* reitet uns eigentlich.

So geht's

Als ich einen schönen Morgens
friedlich meine Zähne putzte,
plagt mich dringend eine Frage,
was denn richtig sozusagen,
wie genau es ordentlich,
quasi amtlich und mit Stempel,
dass man sagt, so ist es richtig,
wie es geht ganz offiziell,
stell dir vor, so ein Kongress,
da wird beschlossen: *So* ist's falsch,
weil *so* und einzig und allein nur *so*
lässt man's durchgehen, Punkt und aus,
dann endlich hat's Gewissheit, Frieden,
und du fühlst, jetzt isses klar,
vielleicht noch minimaler Zweifel,
ob das wirklich völlig stimmt,
theoretisch wär ja möglich,
dass es anders … aber nein!
Es ist korrekt und picobello
mit Brief und Siegel, Eins mit Stern!

Also muss es heißen, anstatt:
Als ich einen schönen Morgens

Weder
Wie ich einem schönem Morgen
nicht
Als ich einen schönen Morgen
noch
Als ich einen schönes Morgens
erst recht nicht
Wie ich einen schönes Morgen
noch
Wie ich einen schönen Morgens
auf keinen Fall
Als ich einen schönem Morgens

sondern:
Letztens, Leute, in der Früh

Stell mir vor

Stell mir vor, wie einmal bald
Jesus, Buddha, Mohammed
vom Schnaps schon schädlich deliriert
Verborgenes, Geheimes lüften.

Stell's mir vor wie Flüsterpost
vom weisen Mund in weise Ohren,
wie traurig, wüst und – ach! – vergebens,
's war doch einst mal gut gemeint!

Und sie resümiern beim Himbeergeist:
Scheint, wir sind keine Pro-pheten,
vielmehr dämmerts all und mählich so:
dass wir Anti-pheten sind.

Stell mir vor, wie dann darauf
die drei Herren leise prusten.
Sie schütteln sich – und später kugeln
sie sich hemmungslos im Sand.

Stell mir vor, dass nun – deswegen –
ihre Bärte sich verheddern,
und sie drehn sich, ringelreihe,
wirbeln, kreiseln immer schneller.

Stell mir vor: Sie heben ab!
Schrauben sich wie ein Propeller
in die Lüfte und – o Gott! –
den alten Herren wird ganz übel.

Stell mir vor, wie grün und bleich
die drei auf Mutter Erde kotzen,
zwar flug- und schnapsgeschuldet, doch primär
gereizt vom Unterwurf der Schäflein.

Und im Himmel, gallig, zart,
streift kondensig eine Bahn,
sie bleibt den Menschen, stetig mahnend:
ein wieherndes Triumvirat.

Appell an die Wissenschaft

Wenn ich 1 und 2 und 3 und 7
nehme und zusammenzähle,
bekomm ich ein Ergebnis, das ich
nicht aus freien Stücken wähle.

Deshalb ist zu überlegen,
ob man nicht viel weiser handelt,
wenn man ohne solche Zahlen
lustvoll durch die Gegend wandelt?

Dan-kedicht

Es fehlt mir eine Viertelstunde,
die ich wohl im Schock verbracht.
Jetzt lieg ich, leck mir meine Wunde
und frag: Was hat sich wer dabei gedacht?

Und: Wem dank ich, dass ich noch am Leben?
Wem sag ich, dass ich schon verstanden habe?
Sprech's leise zu mir selbst, gerade eben.
Doch mein Dankgebet wird eine Frage:

Ich danke Dir – doch – gibt es Dich?
Ich bitte Dich – selbst wenn's Dich nicht …
Moment, Moment, so könnt es sein:
Ich dank einfach ins Nichts hinein!

Und da, vermutlich, find ich Dich.

Und wenn ich einmal wiederkomme

Und wenn ich einmal wiederkomme,
schau ich mir die hinterlassnen Spuren
mit Abstand, weit von unten, oben,
einmal ganz in Ruhe an.

Mit alten, treuen Weggefährten
werd ich stolz sein und mich schämen
und an manchen Stellen lachen,
die ich gar nicht lustig fand.

Und für andere Momente
gibt es posthum reichlich Tränen.
Nicht die salzigen. Die süßen!
Die: Augenblickverweiledochs.

Wie zum Beispiel damals, als ich –
Sie wissen schon … ich spar's mir auf!
Für den Fall der vielen Fälle,
dass ich wiederkomm. Ich hoff's.

Peace-Porn

An einem strahlend heiter-schönen Morgen
betrat ein splitternackter Astronaut
eine gut gebaute Bäckerei,
um Nahrung zu besorgen.

Die ebenfalls (aus mir nicht näher kolportierten
Gründen) nackte Bäckers-Maid
sah durchs lichte Schaufenster ganz viele
kleine Aliens, die alle auf sie stierten!

Nun – als sein und ihre Schamesröte
einer angemessnen Blässe
Platz bot und gewichen war,
spielte sie auf seiner Flöte,

dass es eine helle Freude war!
Und der Astronaut besaß,
das muss man hier vielleicht erwähnen,
ein super Flöten-Exemplar …

Als nun die Flöterei verklungen,
war das Schauspiel für die außerirdischen
Betrachter zwar erstmal vorüber –
doch wird's auch heut noch oft besungen!

Und man erzählt sich, hoch-errötet,
dass auf dem ehmals kriegerischen Stern,
von dem die Aliens damals kamen,
nur mehr geflötet wird, nicht mehr getötet.

Schaf und Schäfer

Ein Schäfer zählte seine Schafe,
stellte fest, dass eines fehlte.
Das stand hinter ihm, ganz brav,
weil es nämlich Schäfer zählte.

„Das ist einer mir zu viel",
sprach das Schaf, indem es zielte
auf den Schäfer, der nicht fiel, –
denn das blöde Schaf, es schielte.

„Schau, jetzt merkst du, dass es Sinn macht,
dass ich Schäfer bin, nicht Schaf."
Ein zweiter Schuss, ein Treffer, kracht –
vom Schaf, das diesmal traf.

Hochintressant

Alles kommt, wie's kommen muss,
alles gießt sich hin im Fluss,
ich wart, im Regen, auf den Bus
und geh, wenn er nicht kommt, zu Fuß.

Mensch bin ich

Ein Mensch bin ich, aus Fleisch und Blut,
mit Seele, Geist und Herz und so,
ein Wesen, welches Dinge tut
und lässt – und oft nicht weiß, wieso.

Mich gibt's in männlich, weiblich, sächlich,
variantenreich mit bunter Haut,
bedauernswert und etwas schwächlich,
und keine zwei sind gleich gebaut!

Es gilt: Im Regelfalle werfen
wir uns Steine in den Weg.
Wir? Ich nicht! Die! Alle. Also: Wir.
Der Mensch, er leidet unentwegt,

kennt nur im Feindbild Einigkeit,
schafft's noch, den feinsten Rosa-Stich
mit Schwarzbraun zu verdunkeln.
Es geht nur anders, wenn er liebt:

Im schönsten Falle eng umschlungen,
salz-verschwitzt – verdreht – verklebt,
verschmelzen sich zwei Exemplare,
bis sie eins sind, Glück-umweht.

Sind zwar nur zwei, doch dreht sich dann
im Hoch-Moment der Heiligkeit
die Galaxie nicht mehr elliptisch,
sondern frei und epileptisch.

Und der Mensch wie ich, aus Fleisch und Blut,
mit Seele, Geist und Herz und so,
das Wesen, welches Dinge tut
und lässt – es plötzlich weiß, wieso.

Wir Ichs

So viele Tode bin ich nicht gestorben.
So viele Hände hab ich nicht berührt.
Ich bin ja nur einer alleine geworden,
aus kohliger Ursuppen-Glut geschürt.

So viele Male ungeboren,
und: schade, schade, ungeküsst,
geben wir Ichs uns noch lang nicht verloren.
Warten geduldig. Die Segel gehisst.

Inhalt

Martin Kett

ist 1967 geboren, studierte Design in München und lebt und arbeitet auch dort. Neben seiner Arbeit als Grafiker und Zeichner verwirklichte er auch freie Projekte, u.a. porträtierte er internationale Metropolen in seinen „Cityscapes"-Serien. 2011 gründete er seine eigene Design-Agentur „Perfect Accident" und gestaltet seither On-Air-Designs für Fernsehsender weltweit.

Gerd Baumann

wurde 1967 in Forchheim geboren. Er studierte in München und Los Angeles Gitarre und Komposition. Für Theater und zahlreiche Filme hat er die Musik geschrieben, u.a. für die Filme des Regisseurs Marcus H. Rosenmüller. Baumann betreibt das Plattenlabel „Millaphon Records" und den Musik-Club „Milla" in München. Seit 2013 ist er Professor für Komposition für Film und Medien an der Hochschule für Musik und Theater in München. Aktuell spielt er in den Bands „Dreiviertelblut" und „Parade". Er lebt mit seiner Familie in München.

We all sit on the same goat.
(Yasmin Olmen)